L'utilité fondamentale du sweat equity

Chapitre 1 - La valeur de votre sueur

À combien estimez-vous le temps, l'énergie, les connaissances et l'argent consacrés à transformer votre idée en concept, à concevoir pour celui-ci un business modèle cohérent, à formaliser le tout dans un plan d'affaire et à fabriquer un prototype satisfaisant ?

- **Quand et pourquoi évaluer le « capital sueur » ?**

Le *sweat equity* est le terme anglo-saxon délicieux utilisé quand on attribue (avec émotion) une valeur financière aux efforts déployés (et sacrifices consentis) pour passer d'une idée d'affaire à son point de réalisation, c'est-à-dire à la mise sur pied de l'entreprise, ou au moment où le projet est pour la première fois présenté à des investisseurs privés, autres que ceux de l'audience naturellement plus réceptive que constitue la famille, les amis et les collègues.

Evaluer le « capital sueur » (c'est-à-dire la récompense en titres du capital d'une contribution immatérielle) se fait généralement dans un contexte pré-startup, soit avant même la signature de l'acte constitutif de la société chez le notaire.

Tenir compte de la valeur des contributions intangibles comme les efforts, les connaissances et l'expertise des fondateurs, des amis, des collègues, de la famille, etc., est légitime et raisonnable (après tout, personne ne doute qu'amener une idée innovante sur le marché implique autant de transpiration que d'inspiration) et permet d'inscrire dans l'acte de constitution de la société un capital social souvent bien supérieur aux espèces sonnantes et trébuchantes réunies par les fondateurs, leurs amis et parents et les business angels à la date du passage chez le notaire.

La valeur de ce *non cash investment* est une composante cruciale des négociations concernant l'octroi de titres de propriété de la société aux fondateurs et aux employés clé. Et c'est un véritable défi puisqu'il faut déterminer la valeur des contributions de chacun, y compris les vôtres.

Souvent, les entrepreneurs ne savent pas comment valoriser leurs efforts et sacrifices consacrés à leur start-up. Le dispositif public d'accompagnement à la création et au financement d'entreprises a l'habitude de leur fournir une réponse facile et rapide : « Vous valez ce que vos investisseurs disent que vous valez. »

En général, les organismes d'accompagnement esquivent la question, qu'ils estiment complexe et trop subjective et devant être laissée à l'appréciation discrétionnaire des apporteurs de capitaux. En réalité, dans les (rares) cas où ils ont conscience de cette problématique et/ou quand ils ont une connaissance sommaire du concept, ils n'ont généralement pas encore commencé à réaliser que le *sweat equity* n'est pas du tout la même chose que la valeur marchande de la start-up.

Les investisseurs non plus n'ont souvent aucune idée de comment valoriser le capital sueur, et dès lors c'est une mauvaise idée de les laisser vous montrer comment faire. Ils pourraient d'ailleurs utiliser le fait que vous leur laissiez l'initiative comme un argument de négociation pour sous-évaluer votre start-up.

Quand vous démarrez, le *sweat equity* est souvent un élément primordial de votre levier de négociation avec vos co-fondateurs, vos premiers employés et les autres personnes qui vous aident à monter votre affaire et que vous ne pouvez rémunérer aux tarifs du marché, faute de ressources financières suffisantes. En tant qu'initiateur du projet et propriétaire de l'entreprise émergente, vous devriez être vous-même l'expert de l'évaluation du capital sueur, pas vos investisseurs, ni vos comptables ou vos avocats.

- **Le *sweat equity* doit figurer dans le business plan !**

Il importe de faire figurer toute contribution non financière (la vôtre et celle des autres fondateurs) dans le plan d'affaires comme du capital investissement, avec une valeur monétaire.

C'est en effet un signal aux investisseurs : les membres de l'équipe (fondateurs et managers) croient dans le potentiel de la jeune pousse et à son succès à terme. Sinon, ils ne sacrifieraient pas leur paie en échange d'une participation au capital.

Si vous ne l'annoncez pas au plus tôt, par exemple dans le business plan, tous ces efforts (litres de sueur, nuits blanches), sacrifices (week-ends, vie de famille, activités sociales et sportives, etc.), connaissances, énergies dédiés au projet seront littéralement et définitivement perdus financièrement, ce qui serait une perte de valeur dommageable et pour le moins démotivante. Si vous ne le faites pas vous-même spontanément vous seriez dans la même situation qu'un employé méritant attendant que son patron prenne de lui-même l'initiative de lui proposer une augmentation salariale. Autant dire que cela n'arrive presque jamais…

Comme cela implique pas mal de difficultés et de problèmes potentiels et qu'en outre il y a l'art et la manière de présenter le *sweat equity* aux investisseurs, faites-vous aider, le cas échéant, par un évaluateur professionnel (cf. Sites Internet).

Et puis, il s'agit d'annoncer aux investisseurs potentiels (ceux qui liront le plan d'affaire) la couleur : en matière de valorisation, vous êtes informé et conseillé, donc il ne sera pas question de vous en laisser conter.

Mieux vaut annoncer d'entrée de jeu votre volonté de considérer la valeur du patrimoine immatériel de votre start-up, avant ou pendant ou juste après sa constitution. Il serait tactiquement plus difficile de l'invoquer si vous laissez l'initiative de la valorisation à vos investisseurs.

L'expérience et les connaissances acquises lors de vos démarches auprès de vos futurs partenaires constitue le début d'un patrimoine, idem pour les préaccords, même verbaux, obtenus avec vos futurs fournisseurs, les tests sur le terrain, les quêtes préalables d'information, les premiers prototypes, même non opérationnels, etc.

Si vous parvenez déjà à convaincre les investisseurs d'accepter la valeur que vous attribuez à vos efforts et à vos sacrifices alors vous êtes un négociateur avisé ce qui vous place en meilleure position pour rassurer vos interlocuteurs sur la crédibilité du potentiel de votre start-up: crédibilité du taux de croissance de vos activités, crédibilité de votre rentabilité, crédibilité de la valeur de cession à la fin de la période d'investissement des business angels, etc.

Chapitre 2 - Comment déterminer la valeur des contributions de chacun ?

A. Trois caractéristiques personnelles à sonder chez le futur associé au capital

D'abord jaugez la personne en question (employé ou co-fondateur potentiel) selon ces trois caractéristiques personnelles :

1. **Examinez son degré d'engagement envers l'entreprise et son développement:**
   S'engage-t-elle avec vous pour le long terme, ou vous quittera-t-elle dès l'apparition des premières difficultés ?
   Sondez sa motivation et sa fiabilité.

2. **Définissez de quelle(s) manière(s) sa contribution est unique et/ou irremplaçable :**
   Apporte-t-elle une connaissance spécialisée, des compétences, une aptitude au leadership ou des expériences utiles que vous ne possédez pas ?
   Quelle est la valeur de ce qu'elle apporte individuellement à la société ?
   Trouve-t-on facilement sur le marché d'autres personnes ayant ses compétences et qui puissent la remplacer ?
   Cette personne est-elle cruciale à la prospérité de votre entreprise ?

3. **Déterminez si le contributeur partage la vision et les objectifs des autres contributeurs.** Ses espérances et ses rêves de richesse personnelle, de succès et d'autonomie s'alignent-ils sur les vôtres ?
   Dans la négative, les différences sont-elles à ce point substantielles qu'elles risquent de mettre en pièces la société ?

B. Éléments de réflexion à prendre en compte

Ensuite, quand vous réfléchissez aux chiffres, tenez compte des éléments de réflexion suivants :

- **La valeur marchande de la start-up n'est pas égale à la somme du sweat equity fournis par les cofondateurs et leurs partenaires.**

Si, pour vous, le temps passé à effectuer des recherches, à réaliser une étude de marché, à fabriquer un prototype, à effectuer des essais sur le terrain et à rédiger votre business plan équivaut à 100 000 €.

Et si les efforts additionnels (mise au point de l'architecture et/ou du design du prototype) fournis par votre partenaire, un jeune étudiant en ingénierie, équivaut à un investissement de 25 000 €.

Cela ne veut pas dire pour autant que la valeur marchande de votre start-up atteigne les 125 000 €. En fait, celle-ci pourrait même valoir beaucoup plus.

La valeur du capital sueur n'est qu'une des composantes de la valeur de négociation d'ouverture du capital de la start-up. Ainsi, outre la valeur des contributions non numéraires de chacun, évaluer une jeune pousse tient également des conditions du marché, des transactions récentes sur des entreprises émergentes comparables, du potentiel de sortie des investisseurs et des fondateurs, des besoins futurs en capitaux et de maints autres facteurs.

- **Se priver de salaire n'est pas la même chose pour un ingénieur que pour un designer de prototype.**

Dans l'exemple ci-dessus, les 25 000 € estimés pour la contribution non financière de votre cofondateur sont probablement inspirés par ce qu'il aurait pu gagner en occupant un job à temps plein dans une société bien établie. En effet, une manière assez typique pour estimer la valeur du capital sueur d'un associé/fondateur : consiste à se baser sur les salaires ou honoraires normaux auxquels il doit renoncer pour incorporer la jeune pousse.

Ceci dit, votre partenaire pourrait tout aussi bien arguer du fait que son *sweat equity* vaut 250 000 € correspondant à ce que vous aurait coûté la réalisation de votre prototype si vous aviez contracté une firme spécialisée pour effectuer le même travail. Ou encore, il pourrait invoquer que le prototype qu'il a fabriqué est à ce point satisfaisant et crucial pour l'entreprise qu'il mériterait 50 % des parts de la société.

Ce sont là les arguments usuels utilisés dans les négociations entre le fondateur et ses associés et ses tout premiers employés. Vous devez déterminer le principe à appliquer pour évaluer les services apportés dans une entreprise naissante. Les salaires usuels auxquels on renonce tendent à être l'ancre qui empêche les négociations d'évaluation de voguer vers l'inconnu.

Ne soyez pas tenté de distribuer des parts de capital de la société à chaque personne qui vous a aidé à fonder l'entreprise, même si vous vous sentez mieux à l'idée d'être entouré d'associés- cofondateurs. Il y a de meilleurs moyens pour se faire des amis ou pour bâtir une communauté de supporters crédibles que de distribuer le capital social initial de la jeune pousse à des gens qui n'ont en fin de compte apporté que de petites contributions au lancement de votre affaire.

Une solution simple pour éviter les arguties de votre futur associé consiste à lui « payer » un petit dédommagement additionnel à titre de *sweat equity*.

Par exemple, au lieu d'estimer son capital sueur à 25 000 €, considérez plutôt le chiffre de 30 000 € et expliquez-lui que vous payez une prime de 20 % pour compenser les risques liés à une rémunération en titres de la société plutôt qu'en rémunération normale.

Vous pourriez même être tenté de lui accorder une valeur pour son capital sueur encore plus substantielle (bien supérieure aux 30 000 €) en fonction de la façon dont vous avez compris son engagement, l'originalité de sa contribution et ses rêves et espérances concernant le projet…

- **Les motivations des employés et celles des fondateurs sont des choses différentes.**

En tant que fondateur, vous pouvez être motivé par tout autre chose que vos employés. Par exemple vous pourriez être motivé par le fait d'être désormais votre propre patron et de pouvoir agir comme bon vous semble. En même temps vos employés pourraient être motivés eux, par exemple, par la perspective de travailler dans une bonne et prometteuse start-up leur offrant la possibilité de gagner plus vite plus d'argent que ce qu'ils auraient pu normalement espérer à l'extérieur. Tout cela doit être pris en compte quand on calcule le *sweat equity* de chacun.

Par ailleurs, comment décider si le designer du prototype doit être un associé-fondateur méritant 50 % des parts de votre société ou s'il mérite l'équivalent de 30 000 € en sweat equity pour son travail en tant qu'employé ou en tant que consultant ?

Trop souvent, on voit des entrepreneurs prendre cette décision cruciale en se rangeant trop facilement à l'opinion de leurs investisseurs – potentiels ou effectifs – plutôt qu'en considérant ce qui convient le mieux à leur start-up.

Plutôt que de distribuer des actions de l'entreprise, essayez de payer un peu plus vos collaborateurs dans la mesure du possible. Payez une prime, même légère, plutôt que de perdre la moitié de votre affaire.

Les primo-entrepreneurs (les entrepreneurs qui créent une entreprise pour la première fois) raisonnent souvent de la façon suivante : « Si j'approche une société de capital-risque avec à mes côtés un CTO (*chief technology officer*) ou un chef du design en place, j'aurai alors plus de chances de décrocher des fonds. » Dès lors, ils finissent avec un co-fondateur et la moitié de leur entreprise en moins, même si leur CTO n'est qu'un jeune designer de prototypes qui se découragera bien vite ou sera mis à la porte quelques mois plus tard.

Avec un pacte d'actionnaires restreint on peut atténuer le risque, notamment en accordant au fondateur restant un droit prioritaire de rachat des parts de l'actionnaire-fondateur sortant. Au final, c'est vous qui voyez. Vous devez décider ce qu'il convient, ou non, de céder pour garder ou attirer à bord un contributeur-clé.

- **N'exprimer le capital sueur qu'en termes de temps consacré et de salaires sacrifiés est une erreur classique.**

Comment exprime-t-on le «capital - sueur » ? En général, en fonction du salaire que l'entrepreneur aurait pu gagner s'il était employé dans un job équivalent (ou s'il avait conservé son job précédent). Au plus son poste était élevé, au plus le temps et l'énergie apportés dans le projet de la start-up doivent être valorisés.

Mais cette méthode de multiple (ou de fraction) du salaire ne quantifie pas convenablement le capital-sueur. Elle n'est pas aussi objective ni aussi bien argumentée qu'on pourrait le souhaiter.

En effet, un investisseur n'a aucun moyen de vérifier la quantité de temps que le fondateur dit avoir investi dans le projet, ni de savoir si le sacrifice salarial invoqué est réel ou non.

Il est certain que parfois des gens poussés par une soudaine motivation entrepreneuriale se sentent obligés de quitter des emplois bien rémunérés pour créer leurs sociétés et ils considèrent ce qu'ils perdent comme un manque à gagner ou un coût d'opportunité, présupposant (naïvement) que manque à gagner ou coût d'opportunité est forcément équivalent à valeur.

Ce n'est évidemment pas le cas. En effet, le fait qu'il coûte deux fois plus cher à une entreprise qu'à une autre de produire un produit ou un service donné ne se traduit pas par une valeur de marché deux fois supérieure.

Prenons un exemple moins évident. Beaucoup de tentatives de mise au point d'un prototype opérationnel impliquent de prendre des chemins qui se révèleront sans issue. Et comprendre ce qui ne marche pas crée un know-how négatif qui a une certaine valeur. Mais, cela n'a évidemment pas autant de valeur que de découvrir la recette miracle menant directement au produit ou service presque parfait.

En principe, l'évaluateur, professionnel ou non, doit se focaliser sur ce que les cofondateurs ont été capables de réaliser jusqu'ici, c'est-à-dire jusqu'au moment où lui et/ou des investisseurs potentiels sont sollicités.

Cela implique de considérer les actifs acquis, et comme peu de startups sont suffisamment capitalisées pour investir beaucoup dans l'acquisition d' actifs tangibles, on en revient inévitablement à la valeur potentielle qu'un investisseur peut déceler dans l'opportunité qui lui est présentée et dans la capacité de la jeune pousse à la réaliser, capacité basée sur la qualité de l'équipe en place (s'il y en a une) et sur la qualité de l'approche du marché ciblé incarnée par ses actifs intangibles (marques, brevets et protection de ceux-ci, etc.).

En d'autres mots, un investisseur doit pouvoir voir comment la « sueur » investie par les fondateurs s'est traduite par des actifs créateurs de revenus, et/ou par une « liberté d'agir », et/ou encore par une « barrière à l'entrée ».

Tous ces actifs ne sont pas équivalents, et le type d'actif le plus prisé (et le plus hautement valorisé), et souvent le plus rare, est celui qui engendre des commandes fermes. Celles-ci sont probablement engendrées grâce à des ressources protégées par les droits attachés à la propriété intellectuelle.

Réunir autour du projet des *early adopters,* des *followers*, des pré-ventes (via *crowdfunding)* justifient d'accorder de la valeur au *sweat equity*, idem pour une enquête ou des tests sur le terrain, des prototypes, etc.

Plus l'inventaire des actifs qu'une entreprise peut produire est complet, plus grandes sont ses chances de s'attirer favorablement l'attention des investisseurs et plus grande est la probabilité que ceux-ci y décèlent de la valeur.

La valeur actuelle de ces actifs peut ensuite être extrapolée à partir de la taille du marché ciblé et de la durée nécessaire pour que l'argent frais de l'investisseur permette la concrétisation du projet d'entreprise. Cela revient à disposer d'un plan d'affaire crédible et bien documenté, dans lequel les risques et leurs atténuateurs sont correctement répertoriés et considérés.

Ainsi donc, le secret pour exprimer ou pour prouver la valeur de la sueur est simple : Ne vous focalisez pas sur le temps que vous avez consacré – au lieu de cela, montrez ce que vous en avez fait.

Chapitre 3 - Comment partager le capital entre les fondateurs, les associés, les contributeurs-clés ?

A. *Stocks for Services* : une passerelle de motivation créative et efficace

- **Pour le personnel-clé**

La plupart du temps, les startups manquent d'argent pour s'offrir les services pointus, le personnel expérimenté (talents, compétences, expériences) ou d'autres ressources dont elles ont éminemment besoin, alors, fréquemment, on recourt au *sweat equity* (appelé également ***Stocks for Services***) comme complément au paiement en numéraire de ces ressources primordiales. En complément d'un salaire moindre, elle offre alors des actions de la société.

En effet, dans la mesure où le bénéficiaire, tablant sur le potentiel de très haute croissance de la start-up, croit à sa valeur dans le futur (valeur d'*Exit*), les actions de la jeune pousse peuvent littéralement servir de moyen de rémunération. Dans des circonstances particulières et selon une perspective optimiste, elles constituent une alternative de financement intéressante où le capital sueur peut valablement compenser le capital financier manquant.

- **Pour les cofondateurs**

Les fondateurs de start-up recourent souvent à cette alternative. En effet, pour démarrer le projet, certains d'entre eux choisissent d'apporter des capitaux tandis qui ne peuvent contribuer financièrement (ou alors pas dans les mêmes proportions) participent de façon différente (en labeur plutôt qu'en argent) en échange de titres sociaux de la start-up.

Les cofondateurs doivent alors déterminer la valeur de la quantité de labeur fournie par chacun des contributeurs non financiers ainsi que la compensation correspondante à l'effort fourni. Les fondateurs fournissant plus d'efforts seront ainsi mieux récompensés en recevant plus d'actions de la start-up.

- **Points cardinaux à considérer**

L'approche *Stocks for Services* exige de considérer les points suivants :

- La valeur marchande de votre entreprise émergente

Si la sueur est récompensée par des actions de la start-up, alors les deux parties doivent se mettre d'accord sur la valorisation financière de celle-ci.

La plupart des jeunes pousses n'ayant rien de plus qu'un plan d'affaires sont évaluées « à la grosse louche » typiquement dans une fourchette de 0,5 million d'euros à 2 millions d'euros, mais l'évaluation peut certainement être incrémentée ou diminuée, principalement en fonction de la localisation, de l'équipe de management en place, de la taille du marché de la start-up.

Logiquement, si vous en êtes en train de lever des capitaux d'amorçage et/ou de démarrage auprès de business angels, vous avez déjà une évaluation approximative de la valeur sur le marché de la start-up.

- La valeur marchande de la sueur du contributeur

Les deux parties (d'un côté le(s) porteur(s) du projet, de l'autre le(s) contributeur(s) clé(s)) doivent se mettre d'accord sur la valeur de marché du temps consacré au projet par le contributeur en échange de capital sueur.

On se réfère souvent aux barèmes du marché pour chacune des composantes de la palette des aptitudes (compétences) utilisées ou pour le travail effectué.

Exemple :

Soit la mise au point d'une application mobile dans le « m-commerce » (commerce sur mobiles) par deux contributeurs, en l'occurrence les cofondateurs de la start-up conceptrice de solutions mobiles pour m-commerce. Tous deux sont des *mobile system designers* : le CTO (*Chief Technology Officer*) pratique un tarif journalier de 600 € et le CAO (*Chief Artistic Officer*) pratique, lui, un tarif journalier de 450 €.

Ci-dessous un tableau sommaire de leurs contributions respectives :

Appli1 m-commerce	jours prestés	tarif journalier	total en €
Business analysis	25	600	15 000
Conception	15	600	9 000
Design	20	600	12 000
Development	120	450	54 000
Release	30	450	13 500
Testing	12	450	5 400
Project Management (*Supervision – Meetings*)	40	600	24 000
Documentation	10	450	4 500
			-----------
			137 400 €

- La prime de risque

Une fois ces valeurs établies, les parties doivent s'accorder sur le montant de la « prime de risque » qui est sensée compenser le risque pris par le contributeur qui a consacré son énergie et son temps en échange d'une rémunération future incertaine.

Cette prime peut prendre la forme d'un paiement, des heures passées sur le projet, supérieur à la valeur de marché, d'un octroi plus généreux de parts sociales (à un meilleur prix), ou une combinaison des deux. Ce qui compte c'est de rendre le montant de la prime de risque parfaitement clair.

- La compensation proprement dite

Finalement, les deux parties doivent s'accorder sur la façon de récompenser les efforts non financiers fournis. Le contributeur pourrait recevoir du cash, des actions, des options sur actions ou des warrants, des royalties, toute autre forme de compensation, ou une combinaison de toutes ces formes.

B. Comment répartir les actions ?

Cela implique de savoir comment valoriser les différents inputs requis pour créer le produit, le service, ou la société. Il n'y a pas de formules prédéfinies, mais on peut tout de même appliquer ici une logique économique de base.

Le graphe ci-dessous illustre comment appréhender la valeur lors des trois premières phases typiques d'une entreprise naissante.

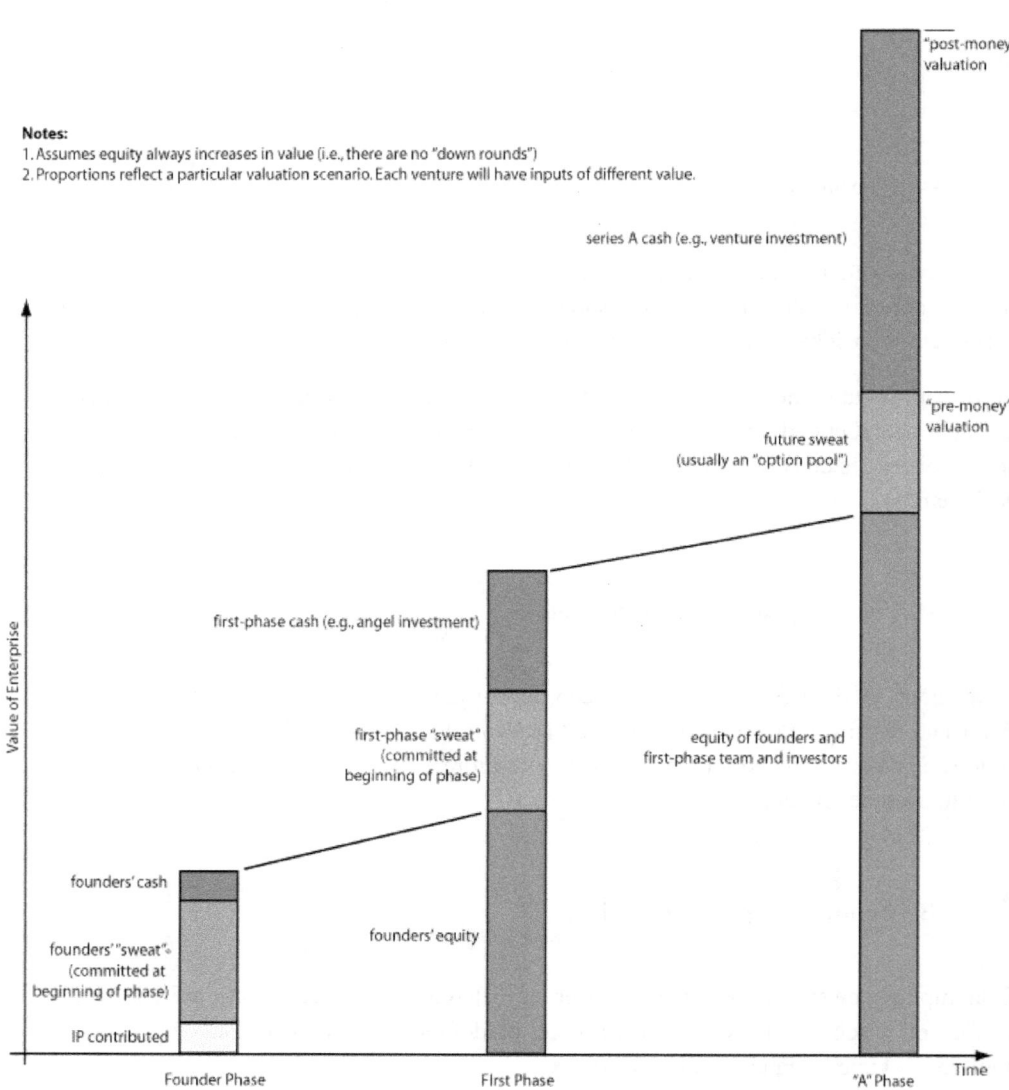

Notes:
1. Assumes equity always increases in value (i.e., there are no "down rounds")
2. Proportions reflect a particular valuation scenario. Each venture will have inputs of different value.

"post-money" valuation

series A cash (e.g., venture investment)

"pre-money" valuation

future sweat (usually an "option pool")

first-phase cash (e.g., angel investment)

first-phase "sweat" (committed at beginning of phase)

equity of founders and first-phase team and investors

founders' cash

founders' "sweat" (committed at beginning of phase)

founders' equity

IP contributed

Value of Enterprise

Founder Phase   First Phase   "A" Phase   Time

Source partiellement adaptée de : Ulrich Hege in Revue économique, vol 52, numéro hors série octobre 2001. P291 – 312.

Habituellement, l'évaluation des inputs se fait à chacune des différentes phases de développement de la start-up.

- **Phase fondateurs** *(Founder Phase)*

Par exemple, au début dans la « phase fondateur », le projet d'entreprise n'en est encore qu'au stade du concept.

La valeur de ce que l'entrepreneur met sur la table à ce moment-là est labellisée *IP contributed* sur le graphe et est colorié en jaune (IP se réfère à toute la Propriété Intellectuelle créée jusque là, cela comprend usuellement les plans d'affaires, les business modèles, les technologies, et autres informations).

Durant cette phase, la start-up aura besoin typiquement de deux autres inputs.

L'un est le cash, habituellement apporté par les fondateurs. Cet argent est colorié en vert et libellé *founder's cash*. Il s'agit généralement de montants modestes de l'ordre de 2 000 € à 20 000 €.

L'autre est le « *sweat* » que les fondateurs s'engagent à fournir durant cette phase. « *Sweat* » en référence au labeur et à l'ingéniosité fournis par les fondateurs, efforts pour lesquels la start-up ne leur verse pas de salaires.

Si les fondateurs parviennent avec succès à développer plus avant leur concept de business durant la « phase fondateurs », ils auront créé de la valeur et chercheront généralement un investissement additionnel.

La création de valeur est représentée par l'accroissement de hauteur de la barre bleue. Il est également possible, bien sûr, qu'ils failliront à créer de la valeur, dans ce cas la barre bleue déclinerait en hauteur.

- **Phase business angels** (*First Phase*)

L'investissement dans la *First Phase* se fera généralement en cash (vert) et en supplément de transpiration de la part des fondateurs et de quelques nouveaux membres de l'équipe (brun).

Les membres de l'équipe ne sont presque jamais salariés au tarif plein du marché durant la première phase de développement de la start-up, c'est ainsi qu'ils continuent à fournir de la « sueur ».

L'argent dans la première phase est souvent apporté par les business angels, pour des montants oscillant typiquement entre 20 000 € et 200 000 €.

- **Phase investisseurs série « A »** (*'A' Phase)*

Si après la première phase la start-up continue son développement prometteur, elle pourrait chercher du capital additionnel. Pour certaines jeunes pousses cet investissement en capital supplémentaire sera institutionnel c'est-à-dire provenant de sociétés ou de fonds de capital-risque ayant pignon sur rue. Habituellement on l'appelle l'investissement « *Series A* ».

Ce nouveau capital intervient dans la phase libellée génériquement *'A' Phase*, que le capital provienne, ou non, d'une société ou d'un fonds de capital-risque.

À ce moment, les membres de l'équipe de gestion et les employés sont généralement payés à un tarif proche de celui du marché.

Cependant, dans la plupart des cas, la start-up a intérêt à récompenser en partie les membres de l'équipe avec des actions ordinaires (*stocks for sweat*).

Dans la plupart des cas le *sweat equity* alloué dans la phase A l'est sous la forme de *stock options*, mais pour simplifier on peut considérer ces options comme une allocation d'actions ordinaires à l'équipe.

La plupart des investisseurs estiment qu'environ 10 % (de la totalité des actions émises) doivent être réservés aux employés encore à recruter à titre d'*incentive compensation*. C'est ce qu'on appelle l'*option pool* (cf. Partie I, chapitre 2). Cette réserve d'actions dilue les actionnaires historiques, elle doit donc faire partie, selon les investisseurs, de la valeur premoney de la start-up.

Le graphe ci-dessus traite implicitement tous les titres de propriété de la même façon, en l'occurrence comme des actions ordinaires. En réalité, les titres financiers de série A sont presque toujours des actions privilégiées.

Comme on l'a mentionné dans la Partie I, chapitre 2, en gros, les actions privilégiées (également appelées « préférentielles ») offrent simplement à leurs détenteurs un traitement préférentiel lors de la liquidation.

Cela signifie, qu'en cas de scénario baissier, au moment de la sortie (cession de l'entreprise) les détenteurs de titres A sont payés en premier. Jusqu'à ce que le capital des détenteurs de séries A soit remboursé, les actionnaires ordinaires ne touchent rien.

Dans le cas d'un scénario haussier, les actions préférentielles peuvent généralement être converties en actions ordinaires avant un évènement de liquidation.

Parfois, les actions préférentielles incluent le paiement d'un dividende additionnel ou peuvent être converties en actions ordinaires selon un ratio supérieur à 1 :1, un avantage (de répartition) parfois appelé le *double dipping*.

- **Évaluer les inputs à chaque phase de développement**

Il y a typiquement trois inputs durant le Phase fondateurs :

- la propriété intellectuelle (IP) créée jusque là,
- la « sueur » des fondateurs,
- et le cash.

De ces trois, seul le cash est facile à évaluer. Un euro de cash investi vaut un euro. Mais comment évaluer le *sweat* et la propriété intellectuelle ?

Évaluer le capital sueur

Quand vous attribuez une valeur au labeur des fondateurs, vous créez essentiellement une équivalence sommaire entre l'argent apporté (*cash investment*) et les efforts et sacrifices fournis (*non cash investment*).

En d'autres mots, le fondateur qui met sur la table 20 000 € obtient en échange la même quantité d'actions pour sa contribution en espèces qu'un autre fondateur ayant contribué, lui, en transpiration (*legs work*) pour l'équivalent de 20 000 €.

En évaluant le *sweat*, les investisseurs estiment généralement le coût d'opportunité du temps consacré par le contributeur et lui appliquent ensuite un facteur d'ajustement.

Par exemple, supposons que durant la phase des fondateurs, Marc quitte son job (ou renonce à une offre d'emploi) abandonnant ainsi 5 000 € de revenus (son salaire) par mois pendant les quatre mois qu'est censée durer la 1er phase.

Marc apporte son temps de *legs work* en contribution et celui-ci a un coût d'opportunité estimé à 20 000 €.

Dans cette perspective il reçoit pour l'équivalent de 20 000 € en titres de capital de la société en échange de sa contribution, soit la même quantité de titres de propriété du capital social qu'un investisseur dont la contribution serait de 20 000 € en espèces.

Cependant, dans le calcul du *sweat*, on applique souvent un facteur d'ajustement à ces contributions « non-cash » avant de les comparer aux contributions en espèces.

Notamment pour les raisons suivantes :

- « *Cash is king* ». Un euro sonnant et trébuchant vaut plus qu'un euro intangible et aléatoire provenant d'un effort.

- Le cash apporté est déjà passé par le tamis fiscal, tandis que la sueur est une contribution avant impôt.

- La sueur est souvent une contribution marginale de quelqu'un ayant déjà un emploi à temps plein.
  Le coût d'opportunité de son temps n'est habituellement pas le cash, mais plutôt du temps passé avec la famille, ou consacré à ses hobbies ou encore à regarder la télévision.
  Plusieurs études ont montré que les gens valorisent le temps de loisir substantiellement moins que le temps salarié.

- Le coût d'opportunité est parfois enflé, notamment par les consultants.

Les gens habitués à pratiquer une tarification horaire pour leurs prestations sont enclins à valoriser leur temps à leur tarif marginal supérieur, parfois 500 € ou plus de l'heure.

C'est bien sûr approprié dans certaines situations. Par exemple, si votre équipe doit s'attacher les services d'un avocat spécialisé très demandé et que cet expert peut normalement facturer ses prestations à 500 € de l'heure, il s'agit alors réellement du coût d'opportunité de son temps. Mais c'est rare.

Plus habituellement un consultant (par exemple un programmeur, un développeur, un architecte de réseau) consacre des heures « après-boulot », il prend sur son temps de loisir, et ce temps-là ne vaut que très rarement son tarif marginal supérieur.

Une règle de base employée par plusieurs financeurs-évaluateurs de startups est de ne valoriser les inputs des consultants qu'à la moitié de leur tarification standard (qu'elle soit horaire ou journalière).

A titre d'information, les professeurs d'université sont l'une des quelques rares catégories d'individus à avoir souvent des coûts d'opportunité très élevés pour leur temps parce que dans la majorité des cas leurs employeurs limitent leurs « activités extra-académiques » à environ 50 jours par an.

Selon la façon dont ces facteurs correspondent à votre situation, vous devrez appliquer un facteur de pondération pour convertir un euro de coût d'opportunité de la sueur investie en un euro sonnant et trébuchant investi. Ceci étant dit, au final, l'équivalence entre le cash et la sueur est déterminée par une convention entre les contributeurs de ces différents inputs.

Exemple 1

Un ingénieur de gestion récemment diplômé s'engage à travailler quelques mois pour du sweat equity et doit renoncer à un salaire brut de 40 000 €.

Cela revient à peu près à abandonner un revenu net (après impôts) d'environ 28 000 €.

Ce *sweat* devrait être valorisé comme si c'étaient 28 000 € investis en liquide.

Exemple 2

Une *graphic designer* indépendante qui habituellement facture ses prestations 125 € de l'heure accepte de fournir à la start-up 100 heures de sueur.

Son input serait évalué à 12 500 € à son tarif horaire moyen, mais la designer ne va probablement pas sacrifier des heures de prestations payées au prix plein du marché pour se consacrer à la start-up.

L'équipe de gestion accepte de valoriser le temps de la designer à la moitié de sa tarification habituelle, ainsi son engagement pour 100 heures serait plutôt évalué à 6 250 € et elle recevra la même quantité de parts sociales que quelqu'un investissant ce même montant en argent comptant.

Exemple 3

Imaginons que vous ayez récemment accepté un investissement angélique ayant valorisé votre jeune pousse à 1 million d'euros (postmoney) avec 1 million d'actions au total.

Vous engagez un avocat d'affaires pour 20 heures de consultations (concernant notamment la protection de votre propriété intellectuelle), dont le tarif horaire est de 400 €/heure (c'est le taux de marché de référence à utiliser pour calculer la valeur de son temps), et vous vous êtes mis d'accord sur une prime de risque équivalent à deux fois son temps de *legs work* consacré à votre start-up.

Au plus la rémunération du temps consacré à votre entreprise par le contributeur est aléatoire au plus élevée doit être la prime de risque qu'il recevra en compensation.

Ainsi, votre avocat a passé 20 heures pour vous aider à immatriculer et protéger votre brevet et il l'a fait en échange de royalties.

Tandis que la valeur marchande de sa contribution est de 8 000 € en cash (20 heures à 400 €/heure), s'il est prêt à risquer cette contribution pour votre entreprise et attend patiemment que lui soient payées de potentielles royalties, il est juste que cette convention prévoie un plafond à 16 000 €, soit deux fois sa contribution, pour le récompenser du risque pris et de sa patience. Ainsi, dans cet exemple, la prime de risque est de 8 000 €.

- Si accord *sweat equity* de 50 % en cash et 50 % en royalties :

L'avocat est payé 200 €/heure (un total de 4 000 € pour 20 heures prestées) plus des royalties de 5 % sur les revenus.

Etant donné que l'avocat ne touche que la moitié, en numéraire, de son tarif habituel (400 €/heure) pour les heures prestées, pas besoin d'une prime de risque sur ce montant.

Mais étant donné qu'il risque 4 000 euros, il est équitable qu'il touche une prime pour cette quantité de temps et par conséquent le montant des royalties devrait atteindre 8 000 € (avec un plafond limité à 2x le montant risqué) selon ce qui a été convenu en termes de prime de risque.

Si tout se déroule comme prévu, l'avocat touchera au final un montant total de

12 000 € (4 000 € pour avoir rempli sa mission + 8 000 € en paiements de royalties).

- Si accord *sweat equity* avec paiement en actions :

L'avocat reçoit la prime de risque négociée sur l'ensemble des 8 000 € (20 heures prestées au tarif de 400 €/heure) correspondant à sa tarification usuelle (valeur de marché habituelle) pour ses heures prestées, ou l'équivalent de 16 000 € en actions de la société conseillée.

Cela signifie 16 000 actions à la valeur nominale de 1 € chacune.

Comme alternative vous pourriez émettre un warrant portant sur 16 000 actions à 1 € l'action (si vous êtes plus sensible au prix de l'action) ou un warrant de 8 000 actions à 0,50 €/action (si vous êtes plus sensible au nombre d'actions en circulation) cumulé à du cash.

Exemple 4

Détermination de la contribution proportionnelle de chaque associé

- Deux associés, Jules et Jeanne, ont contribué chacun de manière équivalente au cours des cinq dernières années, mais ne se sont octroyé que 10 000 € chacun en salaires annuels.

Estimons d'abord leurs contributions respectives en *sweat equity*.

- Si la valeur de marché de leurs salaires avait atteint la moyenne de 40 000 € pour Jules et de 50 000 € pour Jeanne,

- alors la contribution en *sweat equity* a été pour Jules de 30 000 € (40 000 – 10 000) et de 40 000 € (50 000 – 10 000) pour Jeanne,

- soit un total en moyenne de 70 000 €/an (30 000 + 40 000) et de 350 000 € (70 000 € x 5 ans) sur les 5 dernières années.

- La contribution en sweat equity relative est d'environ 43 % (30 000 / 70 000) pour Jules et de 57 % (40 000 / 70 000) pour Jeanne.

- La répartition du capital de la société se fera en fonction de ces pourcentages.

Estimons la valeur de la société en l'an n (en général, la valeur actuelle de ses revenus futurs attendus, en l'occurrence les cash flows libres).

- Supposons que la valeur de la société soit de 2,5 m €.

Calculons la valeur du *sweat equity* de Jules et de Jeanne.

La valeur actuelle de l'entreprise multipliée par leurs contributions en *sweat equity* respectives :

- La valeur du *sweat equity* de Jules est de 1,075 m€ (2,5 m x 0,43)

- La valeur du *sweat equity* de Jeanne est de 1,425 m€ (2,5 m x 0,57)

Évaluer la propriété intellectuelle apportée

La valeur de la propriété intellectuelle (IP) apportée est habituellement le fruit d'un jugement subjectif et/ou le résultat d'une négociation entre les cofondateurs.

Les éléments de réflexion à considérer sont :

- En quoi consiste l'IP ? Quel est son degré de perfectionnement ? S'agit-il simplement d'une idée ou déjà d'un prototype fonctionnel avec des utilisateurs satisfaits ?

- Quel est le degré d'originalité de l'IP ? S'agit-il d'une idée brillante ou une idée que beaucoup auparavant ont essayé d'exploiter ?

- Quel est le degré de protection de l'IP auquel on peut s'attendre ? Y a-t-il déjà un brevet déposé ? Peut-on empêcher d'autres d'exploiter cette opportunité ?

- Celui ou celle qui est à l'origine de l'IP fait-il/elle partie intégrale de l'équipe fondatrice ou a-t-il/elle l'intention de se cantonner dans une participation passive ?

- Quelle quantité d'efforts (et d'autres ressources) ont été apportés jusqu'ici ?

Il est peu probable que la personne à l'origine du projet se contente de moins de 5 % du capital existant dans la Phase fondateurs.

On peut aussi imaginer un découvreur d'une nouvelle molécule aux propriétés époustouflantes et protégée par des brevets en béton exigeant 90 % du capital existant dans la phase des fondateurs.

- **Plusieurs méthodes de partage du capital sont possibles :**

La plus simple consiste à diviser le capital en parts égales pour tous les fondateurs sans tenir compte ni de la nature ni du degré de la contribution de chacun, ce qui ne requiert aucun calcul et aucune valorisation des contributions non financières.

Avec cette approche inéquitable et donc néfaste, les probabilités d'apparition de frustration à court et moyen terme, une fois l'activité lancée, sont énormes.

Diviser les parts sociales strictement en fonction des contributions financières faites à la start-up :

1) Faire le total des investissements en capital dans la start-up,
2) diviser ensuite le montant investi par chaque contributeur par ce total.
3) Utiliser ce pourcentage pour déterminer combien de pourcents distribuer à chaque membre.

Cette approche engendre de grandes probabilités de frustration à terme…

Diviser les parts sociales proportionnellement aux contributions financières et non financières de chacun au succès de la start-up :

1) Déterminer l'intensité de la contribution (quelle qu'elle soit) de chacun
2) et ensuite attribuer une valeur à cette contribution en se basant sur le rôle qu'elle joue dans le succès de l'entreprise.
3) Négocier avec les membres de l'équipe pour déterminer la meilleure valorisation à octroyer à chacun.
4) Partager les parts sociales en fonction des valorisations acceptées collégialement.

Remarques :

Pour éviter toute erreur d'interprétation ultérieure, rédigez un pacte des fondateurs qui établisse les détails du partage des parts sociales.

Incluez toutes les clauses spéciales négociées, telles que les étapes ou objectifs à atteindre ouvrant des droits à l'acquisition de titres de la société, ou le taux de conversion des heures de labeur en parts sociales.

Spécifiez exactement combien d'actions seront dévolues au partenaire *sweat equity* pour chacune de ses heures (ou semaines, ou mois) de travail prestées.

Notez les limites décidées en matière d'acquisition des titres de la société ainsi que toute période de latence qui sera imposée aux bénéficiaires de l'accord de *sweat equity*.

Assurez-vous de spécifier exactement quand (à quels moments mensuellement, trimestriellement ou annuellement) le capital sueur est convertissable en titres du capital de la société, cela a de l'importance étant donné que la participation au capital détermine les droits patrimoniaux (partage des bénéfices et des boni de liquidation) et décisionnels (droites de vote ou de véto)

Décidez si l'accord de *sweat equity* inclura un temps de latence (un laps de temps avant que le capital sueur de l'employé puisse être converti en titres de la société).

Par exemple, la start-up peut avoir un partenaire *sweat equity* dont le labeur n'est converti en actions qu'après 6 mois.

Ces durées tampon contribuent à éviter que les travailleurs (prestataires) quittent l'entreprise avant que le capital sueur soit complètement converti en parts sociales.

Aidez-vous d'un avocat afin d'éviter d'éventuelles querelles ultérieures concernant ce partage et d'un bon conseiller fiscal pour bien comprendre toutes les implications du deal.

Créez assez tôt dans la vie de l'entreprise un programme d'options sur actions destiné aux employés clés. Ainsi, vous pourrez distribuer de nouvelles actions pour attirer des travailleurs expérimentés et talentueux à des tarifs moindres que ceux en vigueur sur le marché du travail.

Efforcez-vous de parvenir à un accord équitable, la convention doit constituer une bonne et juste opportunité pour les deux parties.

C. Exemple simple de répartition du capital sueur entre les associés dans le cadre du lancement d'un nouveau concept de restaurant

Voici une demande reçue sur le blog d'un cabinet spécialisé en valorisation financière de startups :

« Mon partenaire et moi essayons de lancer un nouveau concept de restaurant. Nous avons tous les deux une grande expérience opérationnelle dans ce secteur et nous approchons les investisseurs potentiels en affichant notre capital sueur dans le deal. Comment pouvons-nous, dans cette transaction, négocier ou établir une valeur financière pour notre sweat equity, de manière à pouvoir disposer d'un point de référence pour déterminer combien nous apportons dans la transaction et combien nous sommes prêts à donner en échange pour leurs investissements ? »

Éléments de réflexion :

1) La valeur dévolue au capital sueur dépend de plusieurs variables, telles l'expérience des fondateurs dans l'ouverture de restaurants, leur expertise opérationnelle, les efforts déjà fournis (*legs work*), les autres facteurs qu'ils mettent sur la table (par exemple un droit au bail à des conditions avantageuses), l'étendue de leur rémunération avant l'ouverture officielle (*pre opening management fee*) et après celle-ci (*post opening salary*), et bien sûr, le concept lui-même.

2) Il n'y a pas de formule standard ou générale pour déterminer la distribution du capital sueur (les titres de propriété de la start-up distribués en récompense des efforts et sacrifices consentis par les contributeurs) mais un point de référence consiste à déterminer ce qu'un consultant coûterait pour effectuer les formalités liées à la pré-ouverture du restaurant et ensuite à déterminer quels facteurs (aptitudes, compétences, biens) additionnels les fondateurs apportent à la table de négociation.

3) Un concept pouvant être solide mais qui n'est pas original (par exemple, une pizzeria) n'apporte que peu ou pas de valeur incrémentale tandis qu'un salaire post-ouverture en dessous du prix du marché et/ou pas de rémunération *pre-opening* augmente(nt) le pourcentage du capital sueur reçu.

4) Un concept unique pouvant potentiellement attirer de nombreux investisseurs sera plus avantageux pour le *sweat equity* (plus de capital revenant aux fondateurs en échange de leurs efforts).
   Au final, le deal doit fournir un return potentiel attractif pour les investisseurs tout en récompensant de manière juste les fondateurs pour les efforts accomplis.

5) Même si la propriété du restaurant est une composante importante de la transaction, elle ne doit pas être considérée de manière rigide (mais au contraire interprétée avec souplesse) ; si le but des fondateur est de maximiser leur propriété, il faut alors calibrer (de manière symétrique) d'autres aspects de la transaction et il est de ce fait important de comprendre que la propriété n'est pas forcément la même chose que le contrôle et qu'elle ne détermine pas toujours comment les profits seront partagés.

6) Les investisseurs se détourneront probablement des deals qui attribuent un pourcentage significatif des cash flows aux fondateurs avant le remboursement du capital investi par les investisseurs.
Dès lors, il est judicieux de séparer la propriété du capital de la distribution des flux de trésorerie libres et d'utiliser une allocation différente des profits avant le remboursement du capital.

7) Si le but des fondateurs est de maximiser leur pourcentage de propriété du restaurant, une manière de marchander serait de fournir aux investisseurs une part plus agressive dans la distribution des résultats jusqu'au moment où leurs capitaux investis sont remboursés, ce qui aligne les intérêts des investisseurs et des fondateurs en offrant une période de *payback* plus courte.

8) Comme pour toute autre transaction, tout dépendra de l'intensité et de la qualité du marchandage entre les parties afin que le partenariat débute sur une base amicale. On peut compter sur la sagesse des investisseurs aguerris pour bien comprendre ce qu'est une juste compensation, ce qui n'est pas toujours le cas des financeurs qui investissent pour la première fois du capital à risque.

En résumé :

Marchandez un salaire décent mais pas agressif, peu ou pas de rémunération pré-ouverture (*pre opening fee*), un pourcentage des actions se situant entre 25 – 50 %, et assurez-vous que le pacte d'actionnaire vous laisse le contrôle tant que les factures sont payées et qu'il n'y a pas besoin de capitaux supplémentaires de la part des investisseurs (à moins que cela ne fasse partie du deal initial).

Mais acceptez de réserver la part du lion dans la distribution des cash flow libres (habituellement ce qu'il reste après les mises en réserve) aux investisseurs jusqu'à ce qu'ils se soient remboursés.

D. Exemple d'évaluation et de répartition du capital sueur dans le cadre de la transmission d'une entreprise familiale

Pour certaines familles, les décisions concernant l'avenir de l'entreprise familiale peuvent être la source de vifs dilemmes et inquiétudes. En effet, comment transmettre l'affaire familiale à la génération suivante sans léser personne ou sans susciter d'animosité ou de jalousie entre les héritiers ?

Si on divise l'entreprise en parts égales entre tous les enfants, obtiendra-t-on des portions si réduites que l'héritier censé continuer à exploiter l'affaire ne puisse en vivre ? Si l'un des enfants décide de racheter les parts de ses frères et sœurs, l'entreprise engendrera-t-elle suffisamment de revenus pour rendre cette option faisable ? La plupart des parents veulent traiter équitablement leurs enfants, mais répartir équitablement l'entreprise familiale entre tous les enfants est-ce toujours une solution équitable ?

- Penchons-nous sur le cas d'une famille exploitant une ferme biologique confrontée au dilemme de la planification successorale de son patrimoine.

Appelons cette famille les Dupont. Comme dans maintes familles, les parents Dupont souhaiteraient que l'affaire reste dans la famille.

Heureusement pour eux, leur fils Bertrand, le plus jeune de leurs trois enfants, a décidé de revenir s'occuper de l'exploitation fermière en 2004.

Malheureusement, si le patrimoine de la ferme était divisé en trois parts égales, la fraction revenant au cadet ne serait pas adéquate pour rendre l'opération viable économiquement.

Cependant, Bertrand est revenu à la ferme familiale en 2004, la valeur marchande nette de l'affaire valait alors 600 000 EUR.

Les parents ayant discuté de la contribution que chaque enfant avait apportée jusqu'alors ont décidé que chacun avait contribué plus ou moins de manière équivalente à la prospérité de l'entreprise pendant leur adolescence.

Ainsi, 600 000 EUR divisés équitablement en trois parts égales représente pour chaque enfant un héritage de 200 000 EUR.

Par ailleurs, en 2014, la valeur actuelle nette de marché de l'entreprise familiale atteint 1,5 million d'euros.

Si on la divisait équitablement en trois fractions égales, cela laisserait à chaque héritier 500 000 EUR.

Cependant, les contributions des trois enfants à la prospérité conquise par la ferme depuis 2004 et le retour de Bertrand n'ont plus du tout été les mêmes.

Quand Bertrand est revenu à la ferme, on ne lui a fait aucune promesse mais beaucoup de décisions ont été prises de manière différente parce qu'il était impliqué dans l'exploitation quotidienne.

Quand le terrain du voisin s'est libéré et a été mis en vente, les parents n'auraient pas été intéressés de le racheter si Bertrand n'avait pas été impliqué.

C'était l'idée de Bertrand d'accroître la surface d'exploitation de la ferme afin d'ajouter des cultures biologiques à l'activité historique.

Ce furent également le travail et la nouvelle énergie apportés par Bertrand qui permirent à l'entreprise familiale de grandir et d'être bénéficiaire.

Bertrand s'est contenté d'un salaire modeste et on lui a permis d'utiliser les installations de la ferme pour exploiter ses propres activités de culture biologique.

Les parents de Bertrand savent que sa contribution à la prospérité de l'entreprise familiale a représenté, depuis son retour, un impressionnant investissement en *sweat equity* dans l'entreprise.

- Deux dilemmes se manifestent dans cet exemple.

Le premier émerge parce que la plupart d'entre nous voulons traiter de manière juste nos enfants. Et cela revient à les mettre sur un pied d'égalité. Nous ne voulons pas être la cause de ressentiment.

Les parents Dupont ne veulent pas que leurs enfants restés à l'écart de l'exploitation quotidienne de la ferme aient l'impression d'avoir été défavorisés, mais s'ils s'apprêtent à diviser le patrimoine de la ferme en trois parts égales, la fraction revenant à Bertrand sera-t-elle suffisante pour maintenir une entreprise toujours viable ? Qu'en est-il, depuis dix ans, de la contribution quotidienne de Bertrand au succès et au développement de l'affaire familiale ?

Le second dilemme surgit parce que les actifs de la ferme et sa valeur patrimoniale se sont accrus très substantiellement.

Obtenir un revenu adéquat en paiement de la valeur ajoutée au patrimoine initial de l'entreprise peut être ardu, voire impossible, pour l'héritier impliqué.

Si les Dupont veulent voir Bertrand continuer à prospérer, ils doivent considérer le revenu que lui laissera la planification successorale tout autant que la valeur marchande des actifs de la ferme.

- Voyons comment la famille Dupont valorise la contribution de leur fils Bertrand en estimant la valeur de son « capital sueur ».

Une fois l'estimation faite, ils l'ont utilisée pour expliquer aux autres enfants non impliqués dans la gestion courante de la ferme les tenants et aboutissants de leur planification successorale.

En 2014 la valeur marchande de la ferme familiale avoisine les 1,5 million d'euros.

Si les parents devaient répartir équitablement ce montant, chaque héritier obtiendrait 0,5 million d'euros.

Mais en prenant en compte la contribution effective de chaque enfant et l'impact qu'a eu sur la croissance de l'entreprise le retour de Bertrand, ils ont présenté les choses de la façon suivante : il y a eu un accroissement de valeur de 0,9 million d'euros depuis 2004.

L'entreprise s'est agrandie et a diversifié ses activités. Les bénéfices ont été réinvestis dans l'exploitation de la ferme et les actifs de celle-ci se sont appréciés en valeur.

Bertrand a apporté une part substantielle de capital sueur. Les parents pensent qu'ils auraient probablement pris leur retraite il y a quelques années et auraient vendu tout ou partie de la ferme et des ses terres si Bertrand ne s'était pas décidé à revenir donner un coup de main à la ferme.

Après maints calculs d'évaluation et maintes décisions les parents ont décidé qu'ils allaient diviser en trois parts égales la valeur de l'entreprise en 2004, mais ils ont également établi que Bertrand était responsable de la moitié (50 %) de la croissance de l'entreprise depuis 2004.

- Ils ont donc décidé la répartition suivante :

1) 2004 Bertrand revient dans l'entreprise familiale :

        Valeur nette en 2004 de l'entreprise familiale :   600 000 EUR

        Valeur nette 2004 divisée en 3 parts égales :   200 000 EUR/héritier.

2) Croissance de l'entreprise, accroissement de valeur, inflation, diversification :

        Valeur nette en 2014 de l'entreprise familiale :   1 500 000 EUR

        Valeur nette en 2004 de l'entreprise familiale :   600 000 EUR

        Croissance de la valeur nette   900 000 EUR

3) Les parents attribuent 50 % de l'appréciation de valeur à Bertrand :

50 % de 900 000 EUR = 450 000 EUR attribués à la contribution de Bertrand

50 % de 900 000 EUR = 450 000 EUR attribués à la contribution des parents

450 000 EUR attribués aux parents divisés en 3 parts égales : 150 000 EUR / héritier

4) Distribution des actifs dans le plan de succession :

Bertrand reçoit 800 000 EUR en tout :

    200 000 EUR (1/3 de la valeur nette en 2004)

+   450 000 EUR (50 % correspondant à sa contribution à la croissance)

+   150 000 EUR (1/3 de la valeur nette en 2014)

Son frère et sa sœur reçoivent chacun 350 000 EUR

    200 000 EUR (1/3 de la valeur nette en 2004)

+   150 000 EUR (1/3 de la valeur nette en 2014)

La contribution de Bertrand de 50 % est simplement un exemple.

Chaque opération de planification considèrera plusieurs facteurs distincts et arrivera probablement à un pourcentage différent pour valoriser et récompenser la contribution d'un héritier.

Dans le cas des Dupont, Bertrand recevra plus de deux fois la part revenant à son frère et à sa sœur. Mais, tous ont compris le raisonnement de leurs parents.

Les contributions méritent une compensation. L'affaire de famille est aujourd'hui bien différente grâce au retour et à l'implication de Bertrand.

Chaque entreprise familiale connaîtra une situation différente. Une autre famille pourrait avoir décidé que leur héritier repreneur de l'affaire n'a contribué qu'à concurrence de 10 %, ou peut-être encore à 80 ou 90 % de la croissance.

La question est de combien le capital sueur a-t-il contribué à la croissance de l'entreprise familiale ? Les propriétaires de l'entreprise sont les mieux à même d'évaluer la ou les contribution(s) de chacun et d'ajuster de manière concordante leur compensation.

Traiter de manière égale des contributions différentes peut être la chose la plus inéquitable que vous puissiez faire !

E. Exemple: Lister les tâches, les répartir entre les fondateurs et les récompenser en titres de propriété

Quand on partage le capital social d'une jeune entreprise on a intérêt à expliquer quels sont les différents rôles attendus des fondateurs et quelles seront les contributions de chacun.

Par exemple, considérons comment Pierre, Sylvie et Anne se sont partagé les parts sociales de leur start-up.

Pierre a inventé un nouvel appareil médical (appelons-le « Le Projet »).

Sylvie et Anne s'associent au projet et proposent de vouer leurs talents respectifs et leurs efforts à sa commercialisation.

Ils se sont tous les trois mis d'accord sur la liste exhaustive des tâches à accomplir pour lancer la start-up.

Ils ont ensuite décidé qui allait faire quoi et ont attribué arbitrairement un nombre de « points » à chacune des tâches à accomplir. (Le nombre total des points a fini par atteindre, de manière arbitraire, 186).

Ce qui par la suite offrira une base objective pour la répartition initiale du capital social de la start-up entre les fondateurs.

Dans ce contexte, ils se sont remarquablement entendus sur la distribution relative des points.

Tableau de synthèse de la matrice « Le Projet »

Point de vue de :	Pierre	Sylvie	Anne
Total des points de Pierre :	87,09	107,75	95
% total de Pierre :	46,82 %	57,93%	51,08%
Total des points de Sylvie :	47,91	40,25	29
% total de Sylvie :	25,76 %	21,64 %	15,59 %
Total des points d'Anne :	51	38	30
% total d'Anne	27,42 %	20,43 %	16,13 %
Total des points dévolus à P.,S.,A. :	186	186	154
Total des points :	186	186	186
% du total :	100 %	100 %	82,80 %
Différence de points :	0	0	32
Différence de % :	0 %	0 %	17,20 %

Explication de la différence selon Anne : 32 points alloués à de l'expertise externe en matière d'études de marché, de stratégie marketing, de relations publiques et de propriété intellectuelle.

Chapitre 4 - Comment incorporer le *sweat equity* dans la valeur de la startup?

Etude de cas (approche empirique)

Extraits du rapport d'évaluation : « **Estimation de la valeur de négociation de la start-up ALP** »

« A / Préambule

La start-up ALP se positionne comme conceptrice et développeuse de solutions d'auto portage d'articles de sport. Elle intègre ainsi la catégorie des sociétés opérant dans le sportswear et/ou les articles de sports & habillement.

La qualité de ce projet de commercialisation d'un système d'auto portage de ski (décliné en 5 produits différents) est certaine. Notamment le système sophistiqué de portage de ski intégré directement à la veste de ski.

En effet ;

- Le concept de produit et de service rendu est clairement énoncé dans les documents et facilement compréhensible,

- L'idée de le commercialiser est crédible, solide, économiquement viable (si bien exécutée),

- La qualité du porteur de projet est indéniable (72 prototypes = expérience du terrain et acquisition d'un savoir faire réel),

- le marché est porteur (il suit l'évolution de la pratique du ski et l'attention portée au confort des sportifs et il concerne un besoin largement répandu),

- le concept apporte une innovation (nouveauté + originalité),

- les 5 produits déclinés peuvent être commercialisés à un prix acceptable par le marché,

- le projet dans son ensemble (cibles, approche du marché, modèle de revenus) est pertinent,

- les principaux concurrents sont bien identifiés,

- il y a déjà un *proof of concept* (validation du concept par co-développement des prototypes de produit testés en situation réelle par des utilisateurs pilotes, professionnels et non professionnels),

- il est prévu des perspectives de développement ultérieur (technologies du portage dans l'*active wear* et le *workwear*...)

Remarques

Vos documents de présentation ne répondent pas à des questions pourtant primordiales aux yeux des investisseurs privés.

Par exemple :

- Comment un investisseur peut-il déterminer que votre société détient les atouts nécessaires pour un développement fructueux ?

  Comment et par qui allez-vous renforcer votre équipe de management ?

  Quelles sont les compétences manquantes et comment allez-vous y pourvoir ?

  Dans quel délai ?

  => L'investisseur préfère miser sur une *dream team* plutôt que sur un porteur isolé.

- Dans les documents transmis il est fait mention d'un brevet. Mais sur quoi porte-t-il exactement ?

  Indiquer qu'il porte sur l'intégration d'un système technique d'attache à une veste est bien trop vague pour juger de sa valeur réelle.

  Et puis, quelle est l'étendue et l'effet de sa protection actuelle réelle (restriction géographique) ?

  La start-up ALP deviendra-t-elle propriétaire dudit brevet détenu actuellement en nom propre et dont la valeur grimpera certainement avec sa notoriété internationale ?

  Le plan d'affaires ne mentionne aucune politique d'investissements immatériels une fois les 250 000 euros levés.

  => Critère important aux yeux des investisseurs qui tenteront de négocier au mieux leur participation dans votre capital)

- Je n'ai trouvé aucun élément d'information permettant à un investisseur potentiel de jauger la validité de votre stratégie commerciale, ni même l'originalité (imagination - audace) de celle-ci.

  Votre étude de marché est de portée trop générale, elle concerne un marché potentiel général des utilisateurs « finals ».

  Dans le cadre d'une levée de fonds votre étude de marchés doit exclusivement être fonction de votre positionnement (B2B) et donc porter sur vos clients directs ciblés

(Distributeurs et marques de vêtements de ski) par sur les skieurs (qui sont les clients de vos clients).

L'étude de marché doit indiquer quelles sont les chances (probabilités) que vous signiez des accords de licence et des accords de distribution, dans quels volumes prévisibles au vu des premiers feedbacks auprès des clients visés.

L'étude de marché indique comment votre offre est perçue par vos clients directs (non pas par les skieurs). Un investisseur aguerri cherchera toujours à savoir comment et par qui a été réalisée l'étude de marché.

Par ailleurs, votre étude de marché mentionne une taille du marché potentiel réaliste ainsi qu'un potentiel réaliste de chiffre d'affaires sur base de 1 % de taux de présence de la start-up ALP dans le panel des principaux pays indiqués. (France)

S'il ne faut pas négliger les effets de suivi qui sont très importants dans le monde des accessoires de sport et des vêtements de ski, d'un autre côté on court le risque de surestimer la vitesse d'adoption par les marques de vêtements et les distributeurs de la technologie ALP.

En d'autres mots : que votre start-up atteigne 1 % de parts de marché est tout à fait possible, l'incertitude vient plutôt sur le temps nécessaire pour y parvenir. Une enquête de terrain (étude de marché) directement auprès des professionnels que vous ciblez permettrait de répondre en partie à ce genre d'interrogation.

Etant donné votre positionnement B2B (sportswear / articles sports & habillement), détaillez également mieux votre politique de distribution.

Si vous prévoyez de recourir à des intermédiaires, précisez comment vous allez les sélectionner et à quelles conditions vous travaillerez avec eux.

Comment vous y prendrez-vous pour monter les partenariats avec les opérateurs et les fabricants que vous ciblez ?

Comment allez-vous déployer la marque ALP ?

Comment comptez-vous appliquer à votre développement un « *go to market* » crédible ? Etc.

Aucun détail non plus sur votre politique de communication devant conduire au rayonnement des produits proposés par votre future société.

Votre concept apporte une valeur ajoutée par rapport à ce qui existe déjà sur le marché, vous proposez une offre plus complète que la concurrence actuelle mais votre business plan ne démontre pas assez votre avantage concurrentiel et dans quelle mesure celui-ci pourra être maintenu pour toujours garder une longueur d'avance sur la concurrence.

Vous devez donc impérativement détailler votre démarche stratégique quand vous vous adresserez à des investisseurs potentiels.

Lorsque les objectifs de votre démarche stratégique seront correctement définis : comment allez-vous-y parvenir ? (Avec qui et quels moyens ?)

Vous mentionnez des objectifs de chiffres d'affaires peu ambitieux et vous n'expliquez pas comment vous allez organiser votre force de vente pour les atteindre, vous ne précisez pas le profil des commerciaux à recruter et comment vous comptez vous assurer leur loyauté et fidélité, ni les techniques de vente qui seront utilisées auprès de vos clients, ni la mesure de leur efficacité, etc.

 => Partez du principe que pour l'investisseur l'exécution a plus de valeur que l'idée elle-même, aussi bonne soit-elle.

Une bonne idée mal exécutée devient vite une mauvaise idée. Or justement, la stratégie commerciale est censée expliquer comment vous comptez exécuter (mettre en pratique) le rayonnement de votre concept de système d'auto portage de ski.

- La protection (barrière à l'entrée) offerte par le(s) brevet(s) reste toute relative étant donné le secteur d'activité où l'innovation technologique apportée par la concurrence est permanente, l'obsolescence des produits importante…
La concurrence est réelle, réactive et ne tardera pas à se renforcer.

Vous devez partir du principe que la version améliorée de produits concurrents est en train d'arriver.

Les barrières à l'entrée ne sont pas suffisamment dissuasives, même en accélérant le développement de nouveaux produits et de nouvelles niches de marché. Un concurrent peut arriver sur votre marché avec le même concept (formulé autrement, modélisé et réalisé différemment) mais doté d'un modèle économique plus puissant que le vôtre.

Il faut donc développer la partie du plan d'affaire concernant la menace d'entrée sur votre marché de nouveaux compétiteurs.

Peuvent-ils proposer une offre plus compétitive ? Avec quelle technologie ?

Le marché est probablement assez vaste pour tolérer plusieurs opérateurs dans votre secteur d'activité mais il faut cependant préciser comment vous comptez vous démarquer.

Vous énoncez la concurrence probable, mais vous n'évaluez pas leur capacité à introduire un nouveau produit ou un nouveau service similaire au vôtre.

- Votre véritable avantage compétitif durable consistera à toujours garder une longueur d'avance sur vos concurrents actuels et potentiels, ce qui implique une approche originale, tenace et ambitieuse du marché que vous visez, une organisation commerciale imaginative et en croissance régulière, une recherche constante de nouveaux produits et de nouveaux débouchés.

- Le système d'auto portage intégré de ski est utile pour améliorer le confort du skieur et il répond à un besoin largement répandu mais qui, par contre, n'est pas urgent (étant donné les alternatives existantes).

Ce n'est donc pas un produit absolument incontournable. Il s'agit plutôt d'un produit *nice to have* (confort) que d'un produit *must have* (nécessité absolue).

Mais cela reste toutefois une bonne idée, solide et économiquement viable si elle est bien exploitée (*dream team* expérimentée et motivée, stratégie commerciale ambitieuse, originale ou éprouvée).

- Le scénario de votre plan d'affaires ne permet pas clairement de déterminer s'il y a, au-delà du projet de produit, un véritable projet d'entreprise.

B / Valeur d'échange (actions contre capitaux)

1) Hypothèses retenues pour l'estimation de valeur, tenant compte des remarques susmentionnées;

Les qualités intrinsèques du projet telles que révélées dans le plan d'affaires font que l'on peut raisonnablement considérer comme justifiée la progression prévue pour le chiffre d'affaires (CA).

Les risques inhérents au projet font que l'on va appliquer par prudence une diminution d'environ 25 % aux CA prévus dans le plan financier prévisionnel (tout en respectant le même schéma de progression).

Avec une équipe et une organisation commerciale en conséquence on peut raisonnablement envisager un CA en progression constante pour atteindre en 2017 (l'année de référence standard pour la sortie de l'investisseur) un CA annuel de 3,22 millions d'euros (75 % de 4,29 m €).

L'imprévisibilité inhérente aux stades précoces d'existence de toute start-up (tout coûte plus cher et prend plus longtemps) fait que l'on va appliquer, par prudence, une augmentation de 25 % à l'ensemble des frais envisagés dans le tableau Excell.

Etant donné le modèle économique de la société, son organisation probable et sa structure éventuelle (telles que discutées au téléphone) ainsi que la nature de ses activités, on peut raisonnablement considérer que le résultat net représentera entre 10 et 15 % du CA.

J'utiliserai le chiffre 10 % dans le calcul. Le résultat net envisageable en 2017 sur base d'un CA de 3,22 millions d'euros sera donc de 0,322 millions d'euros (10 % de 3,22 millions €).

Pour s'en tenir au *modus operandi* de la plupart des capitaux-risqueurs on ne retiendra qu'une période de 4 ans pour estimer la valeur actuelle *post money* de la société (à partir de l'« *exit value* »), c'est-à-dire la période 2014 - 2017.

Nous nous plaçons dans la situation d'un ou plusieurs business angel(s) entrant dans le capital au 1er trimestre 2014 pour en sortir en 2017.

En comparant votre projet avec des transactions réalisées sur des entreprises similaires j'estime qu'à moyen terme, en 2017, elle pourra atteindre un *Price Earnings Ratio* (PER) de 10.

(Le PER habituel pour des entreprises actives dans le même secteur d'activité se situe entre 10 et 16. Par mesure de prudence le PER de 10 sera notre hypothèse dans notre méthode de calcul de la valeur.)

Tenant compte de cela et vu la nature des risques liés au projet ainsi que la durée habituelle (4 ans) des investissements des financeur providentiel, un investisseur expérimenté pourrait aisément exiger un taux de rendement annuel de 50 % pour les fonds qu'il apporte, ce qui lui permettrait de multiplier sa mise par environ 5 fois en 4 ans, si tout se passe bien pour la start-up.

2) Détermination de la valeur actuelle et du pourcentage à distribuer à l'investisseur

Combien vaut aujourd'hui votre start-up qui cherche pour lancer son développement un financement de 250 000 euros, ce qui lui permettra d'engendrer des bénéfices annuels de 0,322 million € d'ici 4 ans ?

A quel pourcentage du capital social peut prétendre l'investisseur pionnier ?

On peut calculer la valeur *postmoney* (incluant l'investissement « angélique ») de votre entreprise en divisant la valeur de celle-ci dans le futur (soit ses bénéfices futurs multipliés par le facteur PER) par le taux de rendement annuel exigé par les investisseurs jusqu'à l'apparition des premiers bénéfices, c'est-à-dire sur une période de 4 ans :

$$\frac{(0,322 \ million \ EUR \ x \ 10)}{(1 + 50 \ \%)^4} = \textbf{0,64 millions €}$$

Dans votre secteur et selon votre positionnement souhaité et étant donné l'imprécision du compte de résultat prévisionnel on peut également approcher sommairement la valeur *postmoney* de la start-up en considérant qu'elle pourrait raisonnablement valoir l'équivalent de 5 fois son EBITDA en 2017 ou encore 1,5 fois son chiffre d'affaires en 2017.

Approximation par l'EBITDA en 2017 :

$$\frac{(0,682 \ m \ EUR \ x \ 5)}{(1 + 0,50)^4} = \textbf{0,68 millions €}$$

Approximation par le CA en 2017 :

$$\frac{(1,5 \ x \ 3,22 \ m \ EUR)}{(1 + 0,50)^4} = \textbf{0,96 millions €}$$

Moyenne de ces 3 estimations de la valeur postmoney de la start-up ALP : 0,76 m €

$$\frac{(0,64 + 0,68 + 0,96)}{3} = \textbf{0,76 m €}$$

Sur cette base, la participation au capital que le business angel peut demander en échange de son investissement est de :

$$\frac{(0,25 \ million \ EUR)}{(0,76 \ million \ EUR)} = \textbf{32,9 \%}$$

Prétendre à un rendement annuel avoisinant les 50 % n'est pas exubérant pour un investissement aussi risqué (pas encore d'équipe complète, pas d'organisation commerciale ni de stratégie commerciale validée par une expertise et/ou des revenus…).

La revendication de taux de rendement annuels aussi élevés (les exigences oscillent généralement entre 40 et 70 %) pour des entreprises naissantes se justifient aux yeux des financeurs, en partie pour compenser leurs diverses contributions (investisseurs « hands on ») à la bonne gestion de l'entreprise, mais aussi les projections financières habituellement trop optimistes des entrepreneurs. Et puis, il ne faut pas oublier qu'ils apportent de la crédibilité au projet, crédibilité qui prendra toute son ampleur lors des tours de table suivants.

Puisque la grande majorité d'entre elles ne parviendra jamais à percer, les startups en quête de financements doivent avoir la capacité de rémunérer généreusement les business angels pour compenser la haute probabilité du risque de perte de l'investissement de ceux-ci.

Gardez à l'esprit qu'il y a un autre combat qu'il va falloir mener, à peine aurez-vous trouvé un ou plusieurs capitaux-risqueurs : c'est votre relation avec ce(s) dernier(s).

Et pour commencer, quelle part du capital devez-vous lui (leur) céder ?

Bien qu'il n'y ait pas de règles en ce domaine, il faut savoir que votre avenir se joue au premier tour de table.

Vous avez intérêt à garder alors la majorité, et surtout le contrôle de votre société. Ne cherchez donc pas à lever trop et trop tôt.

Les premiers fonds doivent juste servir à montrer la validité et la solidité du projet, à le mettre sur orbite.

Et si cela marche (l'argent récolté et investi permet d'atteindre vos premiers objectifs commerciaux intermédiaires), votre entreprise se trouve en position de force lors du second tour de table.

Exemple :

- 1er tour de table (1er trimestre 2014) : levée de 125 000 € en échange de 16,45 % du capital de la start-up ALP s.a.

- 2e tour de table (six mois après 1ere levée) : levée de 125 000 € en échange de 16,45 % du capital (en supposant, par facilité, qu'on ne réévalue pas la start-up ALP s.a. à ce moment là.)

Autre exemple :

- 1er tour de table (1er trimestre 2014) : levé de 200 000 € en échange de 26,3 % du capital.

- 2e tour de table (3e trimestre 2014) : levée de 300 000 € en échange de 18,3 % du capital après réévaluation de la valeur *postmoney* de la start-up en fonction d'un plan d'affaires revu et corrigé et des premiers développements commerciaux.

- Au total, les investisseurs (business angels et/ou *venture capitalists* et/ou les fonds d'amorçage publics), se partagent 44,6 % de la s.a. ALP. Vous conservez la majorité (55,4 %).

Les risques font partie de l'aventure, les écueils seront nombreux à surmonter, ne mettez surtout pas en évidence le désir bien naturel que vous avez de protéger votre patrimoine personnel avant tout.

Le financeur, lui, s'attachera à garantir son propre risque.

Indiquez donc très clairement et très tôt à l'investisseur la part et l'origine des capitaux personnels que vous avez déjà engagés et/ou que vous comptez encore engager dans votre affaire.

Tout projet sérieux doit, à l'origine, s'accompagner d'une mise de fonds personnelle, ce sont les fonds propres. Pour votre sécurité, ne jamais écouter quiconque vous affirmant le contraire.

3) Valorisation du patrimoine immatériel de la start-up

Vous faites un apport en nature à la start-up : votre « capital sueur » (*sweat equity*).

Il s'agit de valoriser financièrement tous les efforts et sacrifices (salaire du fondateur-concepteur, honoraires payés à des tiers, contrats signés avec les premiers clients…) consentis jusqu'ici pour mettre au point le produit innovant opérationnel (à partir de 72 prototypes…) que vous vous apprêtez à commercialiser.

Les produits et services opérationnels (conçus, développés et prêts à être commercialisés) constituent la valeur patrimoniale de départ de votre start-up. Celle-ci est principalement constituée par des valeurs immatérielles (*goodwill*).

- **Estimation valeur du goodwill**

Pour justifier la valeur du goodwill, les deux fondatrices ont procédé de la manière suivante :

Elles ont divisé en deux groupes les différentes tâches effectuées

1) Les prestations dites "de réflexion", "intellectuelles" et de stratégie :

- *Business analysis*
- Développement et stratégie
- *Project management*
- Supervision-meetings
- Documentation
- Développement Collection ALP
- Développement marketing
- Rédaction du plan d'affaire
- Etude du marché
- Plan financier
- Rencontres, négociations, stylistes, designers…..
-

2) Les prestations plutôt « manuelles », de création, de recherche :

- Prototypages maison
- Conception
- Design
- *Testing*
- Tests terrain avec professionnels
- Tests terrain avec skieurs lambda
- Prospection et sélection des sous traitants

En nombre de jours de travail, cela a représenté selon les fondatrices :

	2011 (à partir de mars)	2012	2013	2014 (jusqu'en mars)	
Tâches de réflexion	115 j	141 j	139 j	31 j	
Tâches de création	76 j	95 j	94 j	24 j	
Total jours	191 j	236 j	233 j	55 j	
Tarif moyen horaire	50 € /h HTVA	60 €/h HTVA	70 €/h HTVA	80 €/h HTVA	
Total	76.400 €	113.280 €	130.480 €	35.200 €	355.360 €

Les deux fondatrices se sont inspirées des exemples de rémunérations suivants :

Tarif horaire d'un bureau de designer : 87.50 € /jour

Tarif horaire d'une styliste : 66 €/h

Tarif horaire d'une modéliste : 133 €/h

Tarif horaire d'un comptable : 77,50 € /h

Tarif horaire d'un consultant marketing : 75 €/h

Tarif horaire d'un ingénieur en gestion : 62,50 € /h

…

- **Estimation valeur de la marque**

Dans l'optique d'un apport en nature de la marque existante dans la start-up ALP à créer les fondatrices ont inclus les frais de dépôt et de protection de la marque, les frais liés à la mise au point du logo ALP, de la calligraphie, etc.

Ci-dessous la liste des frais de recherche et de développement payés sur fonds propres : dépenses avalisées par des factures en bonne et due forme :

FOURNISSEUR	FACTURE N	HTVA	TVAC
KIRKPATRICK	113109	€ 2.710,00	€ 3.279,10
KIRKPATRICK	113876	€ 2.482,00	€ 3.003,22
SNCB		€ 109,00	€ 109,00
PREMIERE VISION	110482	€ 35,07	€ 37,00
CONCORDIA	1105889	€ 395,00	€ 477,95
CARREFOUR	06-459-010735	€ 20,66	€ 25,00
CARREFOUR	06-459-010729	€ 10,33	€ 12,50
MONDIAL TEXTILE	120539	€ 6,07	€ 7,35
VERITAS	1224	€ 44,71	€ 54,10
BALAS	10360	€ 72,70	€ 86,95
MONDIAL TEXTILE	120773	€ 21,02	€ 25,43
FOV	162897	€ 92,00	€ 92,00
IOL	2011/003	€ 2.940,00	€ 3.557,40
KIRKPATRICK	115939	€ 3.548,00	€ 4.212,23
STN	FA000561	€ 84,52	€ 101,09
DECATHLON	3732012002593	€ 17,36	€ 21,00
FEDEX		€ 137,62	€ 137,62
DECATHLON	3732012002594	€ 58,60	€ 70,90
DECATHLON		€ 120,54	€ 145,85
MONDIAL TEXTILE	121388	€ 32,81	€ 39,70
FIDLOCK	201.A00017	€ 38,86	€ 38,86
FEDEX		€ 47,77	€ 47,77
CALADRIS	168	€ 2.480,00	€ 3.000,80
MONDIAL TEXTILE	220010	€ 14,79	€ 17,90
BRICO	266180085569	€ 34,27	€ 41,47
HOTEL TUNISIE	21483+21484	€ 210,00	€ 210,00
BRAVOFLY	491393	€ 281,17	€ 281,17
PREMIERE VISION	131441	€ 49,10	€ 49,10
IOL	49	€ 7.105,00	€ 8.597,05
SYLVIE PORET	021/AN12/1	€ 2.000,00	€ 2.000,00
RENEGA	SPC-C54-LOG-A684	€ 345,00	€ 417,45
ROZENN MEIGNANT	1223	€ 975,00	€ 975,00
ROZENN MEIGNANT	1226	€ 165,00	€ 165,00
PLASTISERVICE	4301	€ 19,05	€ 23,05
PLASTISERVICE	4301	€ 128,40	€ 155,36
KIRKPATRICK	124893	€ 392,70	€ 475,17
KIRKPATRICK	123762	€ 391,00	€ 473,11
IOL	17	€ 4.165,00	€ 5.039,65
KIRKPATRICK	125539	€ 189,80	€ 229,66

LWS	314448	€ 116,88	€ 139,79
KIRKPATRICK	125915	€ 6.619,00	€ 7.383,40
BEST WESTERN	126587	€ 110,00	€ 110,00
RESEAU DIANE		€ 100,00	€ 100,00
SYLVIE PORET	FC0005	€ 3.021,00	€ 3.021,00
SYLVIE PORET	FC0005	€ 521,00	€ 521,00
INDICATOR	2052985	€ 61,00	€ 64,66
SYLVIE PORET	FC0011	€ 1.877,84	€ 1.877,84
ROZENN MEIGNANT	1312	€ 3.800,00	€ 3.800,00
PHIL DESIGN	13,03,563	€ 2.550,00	€ 3.085,50
ITECH INCUBATOR	2013-01	€ 60,00	€ 72,60
SYLVIE PORET	FC0016	€ 160,00	€ 160,00
CALADRIS	252	€ 348,75	€ 421,99
ISPO	à compléter	€ 37,00	€ 37,00
SNCB MUNICH	à compléter	€ 367,10	€ 367,10
TRANSPORT DIVERS TICKET TRAIN METRO	à compléter	€ 15,20	€ 15,20
PAYAGES France	à compléter	€ 92,80	€ 92,80
HOTEL ROUEN	à compléter	€ 46,20	€ 46,20
PHIL DESIGN	à compléter	€ 5.500,00	€ 6.655,00
salon annecy	à compléter	€ 5.000,00	€ 6.050,00
gevers	à compléter	€ 3.000,00	€ 3.630,00
consultant valorisation	à compléter	€ 661,00	€ 800,00
		€ 66.034,69	**€ 76.184,04**

Synthèse des dépenses :

	HTVA	TVAC
BREVET	€ 19.332,50	€ 22.685,89
DESIGNER	€ 22.260,00	€ 26.934,60
STYLISTE	€ 4.940,00	€ 4.940,00
MODELISTE	€ 7.579,84	€ 7.579,84
ACHAT TISSU MERCERIE PLASTIQUE VESTES	€ 1.397,08	€ 1.621,85
COMPTABLE	€ 3.489,75	€ 4.222,79
SALON ET DEPLACEMENT	€ 6.412,64	€ 7.477,17
DIVERS	€ 277,88	€ 304,45
LOGO	€ 345,00	€ 417,45

$€ 66.034,69$ **$€ 76.184,04$**

Sur base des informations fournies dans vos tableaux repris ci-dessus, des tarifs raisonnés indiqués, et à condition que vous puissiez justifier les nombres d'heures indiqués, un réviseur d'entreprise (comparant vos données aux barèmes disponibles) pourrait valoriser votre apport en nature (apport de know how créé par le concepteur) à environ : **431 000 €**

⇨ 2 ans et demi de préparation (conception-prototypages-corrections-tests) (Deux ans et demi de recherches vous ont prodigué une expertise certaine dans votre domaine d'activité) => 355 000 €

+

⇨ Investissements consentis (frais de recherche et développement) => **76 000 €**

(La valeur patrimoniale pourrait être plus élevée, selon les références utilisées : par exemple les barèmes pourraient indiquer au réviseur d'entreprise chargé de valoriser l'apport en nature un tarif journalier de 700 – 800 – 900 € ou plus).

Ainsi, rien que sur base de la valeur patrimoniale immatérielle de votre projet, si vous constituez une SA, vous apportez en nature 431 000 € et votre (ou vos) investisseur(s) apporte(nt) en espèces 250 000 € ; pour constituer un capital social de départ de **681 000 €**.

Au plus le capital social (c'est-à-dire les fonds propres) est important, au plus vous pourrez utiliser l'effet de levier financier.

Par exemple, le Fonds de participation intervient en fonction des capitaux propres déjà réunis par la start-up. Les Invests régionaux, les sociétés de cautionnement mutuel, les fonds de garantie, calquent leur intervention en fonction des fonds propres déjà existants.

Les banques prêtent selon la formule générale approximative et adaptable : 1 € de crédit pour 1 € de fonds propres…

Sur base exclusive de la valeur patrimoniale du projet ALP (681 000 €), le ou les investisseur(s) apportant ensemble 250 000 € pourraient prétendre à maximum **36,7 %** (250 000 € / 681 000 €) de la start-up.

D'autres méthodes de valorisation (par exemple la valorisation par la méthode dynamique des DCF, etc.) ne sont pas indispensables ni utilisables à ce stade de développement du projet ni en l'absence de plan d'affaire suffisamment détaillé.

C / Synthèse :

Valorisation par la méthode du sweat equity (approche du patrimoine immatériel) :

Valeur post-money :   681 000 €   (estimation par le bas)

Investissement :   250 000 €

Pourcentage investisseur(s) : 36,7 %

Valorisation par la méthode des comparables :

Valeur post-money :   760 000 €   (estimation par le haut)

Investissement :   250 000 €

Pourcentage investisseur(s) : 32,9 %

Valorisation moyenne (moyenne en combinant les deux méthodes) :

Valeur post-money :   **720 500 €**   (681 000 + 760 000) / 2

Investissement :   250 000 €   (1ere levée de fonds)

Pourcentage investisseur(s) : **34,70 %**   (250 000/ 720 500)

D / Recommandations

-   Vous aurez probablement besoin d'un apport total en capitaux de **500 000 €** la première année d'activité de la start-up, cela pour vous entourer d'une équipe complète et solide (ce qui implique les ressources humaines nécessaires pour remplir les fonctions incontournables de la vie d'une jeune entreprise : le développement commercial, la gestion administrative et financière et la poursuite du développement technologie/technique).
    Cela signifie des salaires et des charges patronales en conséquence.

Le mieux est de lever **200 000 €** le plus tôt possible auprès d'un ou plusieurs investisseurs (privés et/ou publics).

Et de lever encore **300 000 €** dans un intervalle de neuf à dix mois après la première levée de fonds, si et seulement si, la première levée de fonds aura permis d'atteindre un certain nombre d'objectifs commerciaux intermédiaires fixés objectivement au préalable.

Les réalisations permises grâce à la première levée de fonds permettront également de revaloriser à votre avantage la start-up pour la deuxième levée de fonds.

- La forme juridique la plus appropriée dans votre cas est la SA.
  Les contraintes administratives liées à ce statut peuvent être prise en charge par un responsable administratif et financier.
  Il n'y a pas plus de contrainte que dans le cas d'une SPRL en matière de choix (prise de décision) de gestion.
  La SA est la forme juridique préférée des investisseurs, des fournisseurs et des clients, elle est positivement associée à des sociétés qui ont de hautes ambitions, c'est aussi la structure juridique qui se prête le mieux aux ouvertures du capital et donc à l'entrée et à la sortie d'investisseurs tant publics que privés.

- La valorisation de la start-up est progressive, elle évolue en fonction des étapes franchies et des premières réalisations commerciales.
  Ainsi, au fur et à mesure que l'équipe se constitue et s'étoffe, que la stratégie commerciale se distingue, que les premiers contrats se signent ou que les premières commandes arrivent, la valeur de la start-up se concrétise et augmente.
  A mesure que la start-up se développe on ne prendra plus les hypothèses basses pour le calcul de sa valeur financière.
  Ainsi, à chaque nouvelle entrée de capitaux frais (nouveaux investisseurs) dans la jeune pousse, il est utile de recalculer sa valeur financière.

Dans cette analyse, il s'agit surtout de déterminer le prix moyen (instantané) de transaction de votre start-up. Elle est destinée à valoriser les efforts consentis jusqu'ici en même temps que le potentiel de développement.

Fait à Bruxelles, le 03 Février 2014, au vu et au su des informations qui m'ont été transmises à ce jour.»

Apprenez-en davantage en lisant le guide pratique « Je valorise ma start-up » ISBN 9781507660447